www.ingramcontent.com/pod-product-compliance
Lightning Source LLC
Chambersburg PA
CBHW072206170526
45158CB00004BB/1783
* 9 7 8 1 0 7 3 6 1 9 0 9 2 *